BIBLIOTHÈQUE
DU THÉATRE MODERNE

# UN BAL D'ALSACIENNES

MASCARADE MÊLÉE DE CHANT ET DE DANSE

PAR

MM. SIRAUDIN & ERNEST BLUM

Représenté pour la première fois, à Paris, sur le théâtre des Variétés, le 3 mars 1864.

PARIS
E. DENTU, EDITEUR
LIBRAIRE DE LA SOCIÉTÉ DES GENS DE LETTRES
PALAIS-ROYAL, 17 ET 19, GALERIE D'ORLÉANS
Et à la LIBRAIRIE CENTRALE, 24, boulevard des Italiens.

1864

# UN BAL
# D'ALSACIENNES

Coulommiers. — Typographie de A. MOUSSIN.

# UN BAL
# D'ALSACIENNES

MASCARADE MÊLÉE DE CHANT ET DE DANSE

PAR

MM. SIRAUDIN & ERNEST BLUM

Représenté pour la première fois, à Paris, sur le théâtre des Variétés, le 3 mars 1864.

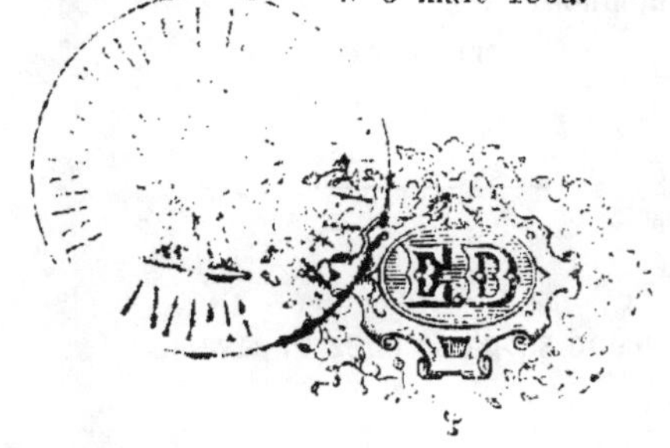

PARIS
E. DENTU, ÉDITEUR
LIBRAIRE DE LA SOCIÉTÉ DES GENS DE LETTRES
PALAIS-ROYAL, 17 ET 19, GALERIE D'ORLÉANS
Et à la LIBRAIRIE CENTRALE, 24, boulevard des Italiens.

1864

| PERSONNAGES. | | ACTEURS. |
|---|---|---|
| FICELMAN, alsacien, soldat. . . . . | MM. | DUPUIS. |
| BAUDRUCHARD, professeur de langues. . . . . . . . . . . . . . | | COUDER. |
| PAPAVERT, professeur d'histoire. . | | CH. BLONDELET. |
| SCHWZINGUEN, alsacien, soldat. . . | | HITTEMANS. |
| GERTRUDE, bonne alsacienne. . . . | Mlles | FÉLICIE. |
| KETTY, bonne alsacience. . . . . . | | SILLY. |
| VICTOIRE, bonne arlésienne. . . . | | GABRIELLE. |
| JOSÉPHINE, bonne normande. . . . | | HÉLENE. |
| TOINETTE, bonne bourguignotte. . | | EMMA. |
| JULIE, bonne dauphinoise. . . . . | | |
| QUATRE SOLDATS. | | |

---

La scène se passe chez Papavert.

---

Toutes les indications sont prises de la gauche et de la droite du spectateur. — Les personnages sont inscrits en tête des scènes dans l'ordre qu'ils occupent au théâtre. — Les changements de position sont indiqués par des renvois au bas des pages.

# UN BAL
## D'ALSACIENNES

Une salle à manger. — Portes latérales et au fond fenêtre à droite, meubles, poële, chaises, tables, buffet au fond à droite. — Une lampe allumée sur le buffet.

### SCÈNE PREMIÈRE

KETTY, ensuite GERTRUDE.

On entend dehors, à gauche, la voix de Baudruchard crier : Ketty ! Ketty !

KETTY, entrant par la droite et traversant la scène.

Voilà ! Monsieur, voilà !

GERTRUDE, entrant par le fond. *

Eh! Ketty?

KETTY, s'arrêtant.

Gertrude !

GERTRUDE

Eh bien ?

KETTY.

Il s'habille.... Et M. Papavert?...

GERTRUDE.

Il est entrain de passer son pantalon collant.

* Ket. Ger.

KETTY.

Un professeur d'histoire !

BAUDRUCHARD, en dehors.

Ketty ! Ketty !...

KETTY.

Voilà ! voilà ! Attends-moi. (Elle entre à gauche.)

GERTRUDE.

L'attendre... mais on peut m'appeler aussi.

## SCÈNE II

GERTRUDE, SCHWZINGUEN, puis FICELMAN ensuite KETTY.

SCHWZINGUEN, entrant par le fond.

Peut-on entrer?

GERTRUDE.

Ciel ! Vous déjà !

SCHWZINGUEN.

Que si c'est un mot de reproche.... (Il va pour sortir.)

GERTRUDE.

Non, mais vous arrivez trop tôt.

FICELMAN, à la porte du fond. *

Mademoiselle Ketty, s'il vous plait.

GERTRUDE, le voyant entrer.

Oh ! si tout le régiment.... Que va dire la concierge?

SCHWZINGUEN.

Ficelman, on nous renvoie, demi tour à droite !

GERTRUDE, allant à Schwzinguen. **

Mais non, mais non. Ah ! quelle mauvaise tête vous avez !

FICELMAN.

Que nous accourons, vu que vous nous avez invités.

GERTRUDE.

Mais il n'est pas encore dix heures, nos maîtres ne sont pas encore partis.

* Ger. Fic. Schw.
** Fic. Ger. Schw.

FICELMAN.

Alors, que ce sont nos cœurs qui avancent à l'horloge du sentiment.

SCHWZINGUEN.

Et que nous reviendrons, quand les oiseaux seront dénichés.

KETTY, rentrant par la gauche. *

Ah! Que vois-je?... (Elle ferme à clef la porte de son maître.)

FICELMAN.

Ketty!

KETTY.

Malheureux, mais Monsieur est encore là!

SCHWZINGUEN.

Que nous nous volatilisons.

KETTY.

Attendez. — Il commence à s'habiller; nous avons dix minutes.

FICELMAN.

Ah! tonnerre de tonnerre!.. que je voudrais les passer à vos petits petons.

KETTY.

Pas de bêtises! Convenons de nos faits. — D'abord, comment avez-vous fait pour monter?

FICELMAN.

Nous avons pris la rampe et nous avons fait comme ça.... (Il imite quelqu'un qui monte.) Quatre à quatre!...

GERTRUDE.

Et le portier?

SCHWZINGUEN.

Nous ne lui avons pas parlé.

KETTY.

Mais il vous a vus peut-être.

GERTRUDE.

Et il vous verra redescendre.

* Ket. Fic. Ger. Schw.

KETTY.

Et revenir.

GERTRUDE.

Et nos maîtres lui ont défendu de laisser monter des militaires.

KETTY.

Il y va de nos places.

FICELMAN.

Bigre de bigre !

SCHWZINGUEN.

Attendez. — Pour ce qui est d'avoir monté et redescendre, n'vous occupez pas d'ça.... — J'vais lui demander, en redescendant, si c'est que le Scha d'Perse ne demeure pas dans cette maison... il me répondra non et j'dirai qu'nous nous sommes trompés.

GERTRUDE.

Et pour revenir?

FICELMAN.

Que ça ne vous inquiète pas, vu que nous vous ménageons une surprise.

KETTY.

Une surprise !

SCHWZINGUEN.

Assez causé, Ficelman, emboîte le pas et filons.

KETTY.

Un instant.... D'abord, convenons d'un signal.

TOUS.

Oui.

KETTY.

Quand nos maîtres seront partis, j'ouvrirai cette fenêtre qui donne en face de la caserne, et je ferai brrroun !

SCHWZINGUEN.

Et nous vous répondrons de même. Viens Ficelman.

KETTY.

Attendez ! Gertrude, montre donc à M. Schwzinguen ce que nous avons apprêté pour la fête.

GERTRUDE.

Ah ! oui.... — Venez dans ma cuisine, j'entendrai si Monsieur me sonne.

SCHWZINGUEN.

Oh ! la cuisine, c'est le boudoir du troupier. (Il sort par le fond avec Gertrude.)

## SCÈNE III

KETTY, FICELMAN.

FICELMAN, regardant sortir Schwzinguen.

Est-il scélérat !... C'est le dernier des mousquetaires !... (A part, regardant Ketty.) Qu'elle grillait de rester seule avec moi.

KETTY.

Savez-vous, M. Ficelman, que c'est bien imprudent à moi de vous recevoir comme ça.

FICELMAN.

Pourquoi donc ? Vu que nous sommes pays.

KETTY.

Ça, c'est vrai !

FICELMAN.

Pour lors....

KETTY.

Dame !...

FICELMAN.

Air :

Vous èt's strasbourgeoise,

KETTY.

Vous èt's strasbourgeois.

FICELMAN.

Quand la strasbourgeoise<br>Trouv' son strasbourgeois,<br>Elle est la bourgeoise.

KETTY.

Il est le bourgeois.

FICELMAN.

Viv' la strasbourgeoise !

KETTY.

Viv' le strasbourgeois.

FICELMAN.

Ju strick, chen'strich, etc.

(Allemand à volonté.)

REPRISE.

Vous êt's strasbourgeoise, etc.

(A la fin du couplet on entend la sonnette de Baudruchard.)

KETTY.

Mon maître !

FICELMAN.

Bigre de bigre !... je file... et Schwzinguen ?

KETTY.

Il filera par l'escalier de service, allez !

FICELMAN.

Que je vous idole !... (Il sort par le fond.)

BAUDRUCHARD, criant en dehors.

Ketty ! Ketty !

KETTY, ouvrant la porte de gauche.

Quoi donc, Monsieur ?

## SCÈNE IV

KETTY, BAUDRUCHARD.

BAUDRUCHARD, entrant par la gauche. — Il est en Espagnol abricot.

Quoi donc, Ketty, quoi donc ? comment, tu me laisses-là le pourpoint en l'air ?

KETTY, prenant une collerette sur un meuble.

Je cherchais votre collerette, Monsieur. (Elle la lui met.)

BAUDRUCHARD.

Une fraise, Ketty, ça s'appelle une fraise... Tâchons d'être un peu moyen âge !...

KETTY.

Ah! Monsieur, que vous êtes donc joli comme ça! (Elle le retourne.)

BAUDRUCHARD.

N'est-ce pas?... j'ai un faux air... du Cid... As-tu entendu parler du Cid?...

KETTY.

Monsieur... je suis strasbourgeoise... je ne connais que la bière....

BAUDRUCHARD, à part.

Quelle cruche!... (Haut.) Papavert est-il prêt?

KETTY.

Il doit l'être!...

BAUDRUCHARD.

Va le cogner!

KETTY.

J'y cours, Monsieur. (Elle sort par le fond.)

BAUDRUCHARD, seul.

Papavert, mon voisin, professeur d'histoire, à l'usage des deux sexes, se paie ainsi que moi, à l'occasion de la mi-carême, une petite débauche Castillane. — Voici la chose : hier, je reçois un mot de Bernardot... Bernardot, un autre ami à moi, professeur de botanique en plein champ... c'est-à-dire qu'il se fait payer des parties de campagne, sous le prétexte d'herboriser en plein air!... c'est assez adroit.

KETTY, rentrant par le fond. *

V'là monsieur Papavert!

BAUDRUCHARD.

Très-bien!

## SCÈNE V

LES MÊMES, PAPAVERT. GERTRUDE.

PAPAVERT, en hidalgo, avec une toque. — Il entre par le fond avec Gertrude. **

Eccolo! voici l'hidalgo!... — Est-ce assez Mélingo!

* Baud. Ket.

** Ger. Baud. Pap. Ket.

KETTY, à part.

Et ils se font voir pour rien !

BAUDRUCHARD.

Délicieux !..... Un vrai Courbet !..... Tu me rappelles Chimen.

PAPAVERT.

Dis plutôt que je ressemble à un fils de Charles Quint, de l'Ambigu !..... C'est égal !..... Bernardot va être un peu surpris...

BAUDRUCHARD.

Tu m'y fais songer. (Au public.) Je reçois donc hier une invitation de Bernardot... à l'occasion d'un bal costumé qu'il donne ce soir... alors...

PAPAVERT, criant.

Ah ! sapristi !

TOUS.

Quoi donc !

PAPAVERT.

J'ai oublié ma perruque !

BAUDRUCHARD.

Puisque tu as une toque.

GERTRUDE.

Je cours la chercher, Monsieur...

PAPAVERT, l'arrêtant.

Non !... j'y vais moi-même. Je ne confie mes cheveux à personne. (A Baudruchard.) Je reviens. (Il sort par le fond.)

BAUDRUCHARD. *

Je vais profiter de ce *lapsus* pour faire quelques recommandations à Ketty. — Ketty, venez ça.

KETTY.

Voilà, Monsieur !

BAUDRUCHARD.

Venez aussi ça, Gertrude !... Nous allons passer la nuit dehors, Papavert et moi. — Quoique professeur de langues-

* Ger. Bau. Ke

mortes, — et si j'ai choisi les langues mortes c'est que les vivantes on les parle trop, — je ne suis point ennemi d'une douce gaîté. C'est pourquoi je ne pense pas déroger en me livrant, chez Bernardot, à un cavalier seul de famille. — Vous, pendant ce temps, gardez bien la maison et ne recevez quiconque.

LES DEUX BONNES.

Ah ! Monsieur !

BAUDRUCHARD.

Et défiez-vous de vos voisins. (Au public.) Car, il faut vous dire que nous habitons le faubourg du Temple, une maison contigüe à la caserne... (On entend une fanfare.) Voyez-vous !... (Il désigne la fenêtre de droite.) C'est comme ça toute la journée !

KETTY.

C'est pour les consignés, ça !

BAUDRUCHARD.

Comment le savez-vous ?

KETTY.

C'est le crémier qui m'a dit cela !

BAUDRUCHARD, au public.

Voilà trois ans que ça dure. Je ne sais pas comment ça se fait, mais je demeure toujours en face ou à côté d'une caserne. Je dis à Ketty : cherche-moi un logement ! Elle cherche, et, par un hasard étrange... sitôt que j'y entre, crac ! je me trouve nez à nez avec une giberne !

GERTRUDE.

C'est l'hasard, Monsieur !

BAUDRUCHARD.

C'est ce que je viens de dire... Eh bien ! et Papavert ?...

PAPAVERT, rentrant par le fond avec un parapluie. *

Le Papavert demandé, voilà ! Tu peux commander l'ordre et la marche.

BAUDRUCHARD.

Tiens ! tu prends un parapluie ?

* Ger. Baud. Pap. Ket.

PAPAVERT.

Oui... un parapluie espagnol... On ne sait pas...

BAUDRUCHARD.

Alors... une deux, par file à droite! (Ils remontent.)

KETTY, à part.

Enfin!

GERTRUDE, à part.

Les voilà partis.

PAPAVERT, redescendant.

Ah! un mot!... Gertrude, venez ça!.... Ketty, vous n'êtes pas de trop.

GERTRUDE. *

Voilà, Monsieur!

PAPAVERT.

Nous allons passer la nuit dehors.... J'éprouve, à cette occasion, le besoin de vous rappeler que, si, Baudruchard et moi, nous nous sommes ornés de bonnes alsaciennes, c'est qu'elles ont la réputation d'être plus à cheval sur les principes que les autres...

GERTRUDE.

Ah! oui, Monsieur!

PAPAVERT.

Je vous crois. Venez-vous, Baudruchard?

BAUDRUCHARD, redescendant. **

Partons; Ketty, si au souper de Bernardot on sert des petits fours, je vous en fourrerai dans mes poches... (A Papavert.) sur ce, Don Chimène!

PAPAVERT.

Don Rodrigue...

BAUDRUCHARD.

A la fête, monseigneur!

PAPAVERT.

A la fête, monseigneur!

* Baud. (Au fond.) Ger. Pap. Ket.
** Ger. Pap. Baud. Ket.

Air : *La mère Michel est veuve.*

BAUDRUCHARD.

Nobles fils de l'Espagne...

TOUS.

Malazig, malazig, malazig ! boum, boum !

PAPAVERT.

Mettons-nous en campagne,
Sans reproche et sans peur.

TOUS, parlé.

Qué bonheur !

BAUDRUCHARD.

Je dans'rai l' fandango !
Avec un' castagnette.

PAPAVERT.

D'une manière honnête,
Je m' paie un Bolero.

TOUS.

Au son de la cas (*ter*) tagnette et du piano.

(Baudruchard et Papavert sortent par le fond.)

## SCÈNE VI

GERTRUDE, KETTY.

KETTY.

Envolés !

GERTRUDE.

Éclipsés !

KETTY.

Nous sommes libres !

GERTRUDE.

Comme je renvoyais Schwzinguen, nos payses sont arrivées par le petit escalier... je les ai fait attendre dans la cuisine.

KETTY.

Va les chercher, je me charge des autres.

GERTRUDE.

J'y cours. (Elle sort par le fond.)

KETTY, seule.

Eh ! vite !... (Elle ouvre la fenêtre de droite.) Brrrrrrout !

VOIX AU DEHORS.

Brrrrrrout!

KETTY.

Ils ont compris!

GERTRUDE, rentrant par le fond.

V'là ces demoiselles! (Les bonnes arrivent par le fond.)

## SCÈNE VII

LES MÊMES, VICTOIRE, JOSÉPHINE, TOINETTE, JULIE, puis SCHWZINGUEN et FICELMAN suivis de QUATRE SOLDATS.

ENSEMBLE. *

Air : *Il ne faut pas attendre.* (Cabochard.)

Gentilles alsaciennes.
Chacune de nous va, je crois,
Pouvoir faire des siennes,
En l'absenc' des bourgeois.

KETTY.

Ça, mes enfants, nous sommes libres...

JOSÉPHINE.

Mes bourgeois ont été voir le plafond de la maison du Baigneur.

VICTOIRE.

Et moi, té, j'ai fait une bouillabaisse à Monsieur... que je lui ai mis de l'ail dedans, té, qu'il en a pour jusqu'à demain à ronfler!...

TOINETTE.

Moi, j'ai tout simplement demandé campos.

JULIE.

Et moi aussi. (On frappe à la porte du fond.)

KETTY.

On frappe, ce sont ces messieurs. Entrez!

SCHWZINGUEN, en Alsacienne, avec ses moustaches, il entre par le fond. **

Mademoiselle Gertrude, s'il vous plaît?

* José. Vict. Ger. Ket. Toi. Jul.
** Jos. Vic. Ket. Schw. Ger. Toin. Jul.

TOUTES, surprises. *

Ah !

FICELMAN, de même que Schwzinguen.

Mademoiselle Ketty, sans vous commander ?

TOUTES, riant.

Ah ! ah ! ah ! (Entrée des autres militaires en Alsaciennes, avec des moustaches.)

CHOEUR.

Air : *Du pied qui r'mue.*

Nous voici ! nous v'là !
Nous v'nons, puisqu'on nous invite.
Nous voici ! nous v'là !
Somm's-nous assez bien comm'ça ?

SCHWZINGUEN.

En me prenant pour un tendron...

TOUS et TOUTES.

En le prenant pour un tendron...

SCHWZINGUEN.

L' portier nous a tiré l' cordon.

TOUS et TOUTES.

L' portier leur a tiré l' cordon.

KETTY.

Mais des bonn's d'enfants,
En moustache...

FICELMAN, mettant son mouchoir sur sa figure.

Voilà comm' ça s'cache !
Pour les fourrer d' dans
Nous avions l'air d'avoir mal aux dents.

REPRISE ENSEMBLE.

Nous voici ! nous } v'là !
Les voici ! les }
etc.

GERTRUDE.

Ah ! c'est charmant !...

SCHWZINGUEN.

Et maintenant, peut-on s'amuser ?

* Jos. Vic. Ket. Fic. Schw. Ger. Toin. Jul.

KETTY.

Allez-y !

FICELMAN.

Attends un p'tit peu !... je ne peux pas rire et m'amuser sans me rafraîchir... Êtes-vous comme moi, les camarades?

TOUS.

Oui, oui...

SCHWZINGUEN.

Le soldat est généralement altéré.

KETTY.

Ficelman... je ne vous dis qu'une chose... Il y aura de la choucroûte !...

FICELMAN.

Ah! bigre de bigre !... c'est bien chentil de votre part, payse !...

KETTY.

A votre service, pays!

VICTOIRE.

Té !... vous êtes du même endroit?...

SCHWZINGUEN, imitant son accent.

Nous sommes tous du même endroit... et, pour prouver la chose, que chacun fasse comme moi... Une, deux, trois! (embrasse Gertrude.) Ça y est!

TOUS, embrassant les bonnes.

Ça y est.

UN SOLDAT.

Et maintenant, qu'est-ce qu'on fait?

FICELMAN.

Dame! on a parlé de choucroûte.

GERTRUDE.

Oh! pas encore.

SCHWZINGUEN.

Chantons, dansons d'abord.

KETTY.

Ah! monsieur Ficelman qui a une si jolie voix.

FICELMAN.

Justement que je sais une nouvelle romance.

TOUS.

La romance, la romance !...

FICELMAN.

Je la donne comme je la sais... deux petits couplets. Ça s'appelle les Cheveux et le Vent... Attention !

Air : *Des sabots de la Marquise.*

Le poëte dit au vent :
Va dire à ma maitresse,
Qu'elle envoie une tresse
De ses ch'veux à son amant.
Tra la ! la ! la !...
Le vent, qu' est sans passions,
Répondit au poëte :
Y a longtemps qu'ça m'embête
De fair' vos commissions !...
Tra ! la ! la ! la !...

TOUS.

Ah ! charmant, charmant !... (On entend frapper au dehors.)

GERTRUDE, écoutant.

On frappe à la porte de la rue.

KETTY, allant à la fenêtre.

C'est eux !

FICELMAN.

Qui, eux?

KETTY.

Nos bourgeois !

FICELMAN.

Bigre de bigre !...

SCHWZINGUEN.

Eh bien ! quoi ? de quoi ? nous sommes entre femmes...

GERTRUDE.

Et vos moustaches, malheureux !

KETTY.

Ah ! les rasoirs de Monsieur ! (Elle va au buffet, au fond à droite.)

TOUS.

Les rasoirs !

KETTY, montrant une trousse qu'elle a prise dans un tiroir.)

Voilà la semaine !

SCHWZINGUEN.

Couper nos moustaches !... et la revue ?...

FICELMAN.

Et l'ordonnance ! je n'oserais plus regarder mon drapeau en face !...

KETTY.

Ce sacrifice !... ou nous sommes perdues. (Bruit au dehors.)

GERTRUDE, allant à la porte du fond.

Ils montent l'escalier !

KETTY, montrant la droite.

Vite, vite ! entrez tous là, nous les retiendrons. (Ficelman prend les rasoirs.)

ENSEMBLE.

Pour tromper ces ganaches,
Et calmer { votre / notre } peur.
{ Coupons tous nos / Coupez tous vos } moustaches,
Pour sauvez { leur / notre } honneur.

(Tous entrent à droite, moins Gertrude et Ketty.)

## SCÈNE VIII

GERTRUDE, PAPAVERT, BAUDRUCHARD, KETTY.

(Baudruchard et Papavert entrent par le fond.)

KETTY, les voyant entrer, à part.

Il n'était que temps !

BAUDRUCHARD.

Ah ! par exemple ! pour une forte, en voilà une forte !

PAPAVERT.

Je fouille dans l'histoire, et j'avoue que jamais pareil événement...

KETTY, à Baudrichard.

Comment !... c'est déjà vous, m'sieur ?

GERTRUDE, à Papavert.

Vous avez donc oublié quelque chose ?

BAUDRUCHARD.

Je te dis qu'elle est forte !... Bernardot qui est malade !

KETTY.

Malade ?...

BAUDRUCHARD.

On doit lui mettre des sangsues au point du jour.

PAPAVERT.

Et il nous fait mettre en hidalgos pour le roi de Prusse !...

GERTRUDE, à Papavert.

Alors, monsieur.... vous allez.... rester ?...

KETTY, à Baudruchard.

Vous ne ressortez plus ?...

PAPAVERT.

Je le voudrais.

BAUDRUCHARD.

Moi aussi.... mais se promener en Espagnol dans les rues, je crains de me faire remarquer.

KETTY.

Vous restez ?

BAUDRUCHARD.

Évidemment... avec un soupir !... mais je reste !... retire-moi ma dague.

KETTY, à part.

Eh bien ! en voilà une tuile ! (Elle porte la dague au fond.)

GERTRUDE, de même.

C'est le bœuf gras qui nous tombe sur la tête !... (Elle ôte la toque de Papavert.)

KETTY.

Alors, vous allez vous coucher ?

BAUDRUCHARD.

C'était notre pensée ! mais tu vas peut-être trouver ça bizarre... Ce costume d'Espagnol nous a donné des idées !...

KETTY.

Comment ?

PAPAVERT.

Oui, nous sommes à la folichonnerie !

BAUDRICHARD.

Et ma foi, tu vas tout simplement nous faire une jolie tasse de thé.... et, pour continuer la fête, je propose un bezigue à Papavert !

GERTRUDE.

En Espagnol ?

BAUDRUCHARD.

En simples Espagnols !

PAPAVERT.

Charles VI ne dédaignait pas de jouer aux cartes avec Odette, dans un costume à peu près semblable. Etait-ce au bezigue ?.... je ne le crois pas, vu que le bezigue est postérieur !

KETTY, à Baudruchard.

Comment, monsieur !... à cette heure-ci, vous mettre à jouer ?...

BAUDRUCHARD.

Pardon, Ketty, mais ce n'est pas tous les jours carnaval... D'ailleurs, est-ce toi qui est la bonne ou moi ?...

KETTY.

C'est moi, monsieur.

BADRUCHARD.

Si c'est toi... prouve-le en allant faire chauffer de l'eau !... acqua calda... en espagnol.

PAPAVERT.

Autrement dit : mets de l'eau sur le feu... en français.

KETTY, à part.

Et on veut que nous aimions les bourgeois ?... (Frappant du pied.) Ah ! je suis vexée !...

BAUDRUCHARD.

Ketty, tu sembles agitée ?.... Qu'as-tu, Ketty ?.... Ketty, qu'as-tu ?...

PAPAVERT.

Ainsi que toi, Gertrude, on dirait que tu as des fourmis...

KETTY.

J'ai rien, m'sieur!

GERTRUDE.*

Ni moi non plus, m'sieur! (Elle remonte et passe à droite.)

KETTY, prenant une résolution.

C'est-à-dire, si j'ai quelque chose, là!

BAUDRUCHARD.

Ah!...

KETTY.

J'ai.... que comme vous ne deviez rentrer que demain matin...

*GERTRUDE, bas à Ketty.

Qu'est-ce que tu fais donc?

KETTY, bas.

Laissez-moi faire... (Haut.) Gertrude et moi, nous avions invité quelques payses à venir fêter avec nous la mi-carême ici!

BAUDRUCHARD.

Ah! bah!

KETTY.

Oui, m'sieur, rien que des payses... et des femmes... Elles vont venir, et vous seriez bien gentil.... Oh! mais là bien gentil d'aller encore vous promener une heure ou deux...

PAPAVERT.

En hidalgos?

KETTY.

Puisque c'est carnaval!

BAUDRUCHARD.

Comment, Ketty, tu as?

KETTY.

Dame, m'sieur! faut bien que nous nous amusions aussi un peu, nous!... on s'ennuie tant toute l'année à servir.

BAUDRUCHARD.

Ma foi, je ne vois guères rien à répondre à ça... et si Papavert y consent...

* Pap. Baud. Ket. Ger.

KETTY et GERTRUDE, avec joie.

Et bien?...

BAUDRUCHARD.

Vous laisserez venir vos payses!...

KETTY.

Et vous vous en irez?

BAUDRUCHARD.

Eh! non!... nous resterons...

KETTY et GERTRUDE, à part.

Grands Dieux!

BAUDRUCHARD, à Papavert.

Car il me vient une idée... Oh! mais une idée sardanapalesque!...

PAPAVERT.

Sardanapale, roi de Judée...

BAUDRUCHARD.

Le costume espagnol nous a donné des idées!... nous voulions une fête!... nous l'aurons chez nous! et seuls au milieu d'un essaim d'Alsaciennes!...

PAPAVERT.

Je te saisis!... tu me rappelles Marc-Antoine!

BAUDRUCHARD, gaillardement.

V'là ce que c'est! on ne se met pas tous les jours en hidalgos! (A Ketty.) Ketty, va chercher tes camarades.

KETTY.

Mais, monsieur!...

BAUDRUCHARD.

N'est-ce pas ce que tu demandais?

KETTY.

Si!... mais...

BAUDRUCHARD.

Eh bien!... nous rirons avec vous.... l'Espagne et l'Alsace, nous supprimons les Pyrénées.

PAPAVERT.

Comme Louis XIV.... ou Henri IV.... je ne sais plus au juste.

GERTRUDE, bas à Ketty.

Eh bien!... en voilà une drôle !... qu'est-ce que nous allons faire ?

KETTY, bas.

Allons-y... (Haut.) Ah! ben, m'sieur, puisque vous nous permettez de recevoir nos payses, nous n'irons pas loin pour les trouver... (Ouvrant à droite.) Venez, mesdemoiselles, venez!

BAUDRUCHARD.

Elles étaient ici?

PAPAVERT.

Cela me rappelle... non ça ne me rappelle rien!

## SCÈNE IX

LES MÊMES. — Tous les personnages entrant par la droite. (Les soldats ont coupé leurs moustaches.)

KETTY. *

Air : *Ah! zut alors.*

Venez, venez, gentilles alsaciennes.

PAPAVERT, à Baudruchard.

Ah! mon ami, vois les beaux ports de reines,

BAUDRUCHARD.

Elles pourront chanter des Tyroliennes.

PAPAVERT.

J'aime le sexe aux approches du Rhin.

BAUDRUCHARD et PAPAVERT.

Ah! je suis content qu'Bernardot soit malade.

TOUTES LES ALSACIENNES, hommes et femmes.

J'étais venue ici pour voir ma camarade.

PAPAVERT et BAUDRUCHARD.

Ah! j'suis content qu'Bernardot soit malade,

TOUS.

Nous allons en ces lieux danser jusqu'à demain.

BAUDRUCHARD.

Ah! les belles filles!... (Montrant Ficelman.) Et surtout la grande! elle est rutilante!...

* Jos. Vic. Ger. Fice. Bau. Pap. Schw. Ket. Toi. Jul.

PAPAVERT.

Je lui préfère sa compagne, la grosse. (Il désigne Schwzinguen.) Elle me rappelle Faustine.

BAUDRUCHARD.

Et comme ça, vous êtes toutes Alsaciennes?

TOUTES, saluant.

Ya, ya, ya.

PAPAVERT.

Toutes de Strasbourg?

TOUTES, de même.

Ya, ya, ya.

BAUDRUCHARD.

C'est charmant!.. Il me semble que je fais un voyage dans les Vosges... et la grande me va!.. oh! mais elle me va!

PAPAVERT.

Je continue à lui préférer sa camarade.

BAUDRUCHARD.

Et quelle santé!.. ça va bien, hein?...

FICELMAN.

Dam! oui. L'estomac elle est bonne!

SCHWZINGUEN.

Et la poitrine aussi!...

PAPAVERT.

L'Alsace est un pays, qui, quoique historique, est d'un climat avantageux, surtout pour ceux qui l'habitent.

SCHWZINGUEN.

Ah! ça, c'est joliment vrai, bourgeois!

FICELMAN.

Oh! oui! l'Alsace, c'est le magasin des filles qui se portent bien!

BAUDRUCHARD.

Elles m'enchantent! je m'amuse infiniment, mon Dieu! que je suis donc content d'être en Espagnol! Ketty! viens ça.

PAPAVERT.

Gertrude, viens ci. (Les deux bonnes s'approchent de leurs maîtres.)

BAUDRUCHARD à Ketty. *

Tiens, voilà la clef de ma cave.

PAPAVERT, à Gertrude.

Gertrude, voici la clef du buffet.

BAUDRUCHARD.

Prépare-nous un Balthasard; j'invite toutes tes payses à souper.

TOUT LE MONDE.

Vive le bourgeois!

SCHWZINGUEN.

Et pour que ça aille plus vite... nous allons toutes apporter les friandises... ça nous connaît.

FICELMAN.

Oh! foui... ça nous connaît.

BAUDRUCHARD.

C'est dit! Que tout le monde s'en mêle... et nous aussi...

PAPAVERT.

Je vais à la cave, moi! (A Schwzinguen.) Vous allez venir avec moi, vous.

SCHWZINGUEN.

Je veux bien!

PAPAVERT, à part.

Elle veut bien.... C'est un ange!.. l'ange de la choucroûte!.. la Vénus à la canette!

TOUS.

Aux provisions!

BAUDRUCHARD.

Air : *de Lodoïska*,

Le plaisir me transporte !
A ces tendrons charmants
Ce soir j'ouvre ma porte,
Ma porte à deux battants.

PAPAVERT, à Baudruchard.

Nos deux maisons n'en font qu'une
Ce soir de chez moi, chez toi.

* Jos. Vic. Fic. Bau. Ket. Ger. Pap. Schw. Toin. Jul.

Supprimons toute lacune....
Allons, belles, suivez-moi!
Je m'amus' comm' chez Guignol,
Quand je suis en espagnol,
Quand je suis en es, en pa, en gnol,
En espagnol!

TOUS.

Ah! ah! ah! ah!
Il s'amus' comme chez Guignol, etc.

(Papavert et Schwzinguen sortent par la droite et les autres par le fond, excepté Baudruchard et Ficelman.)

## SCÈNE X

FICELMAN, BAUDRUCHARD.

BAUDRUCHARD.

Mettons le couvert.

FICELMAN.

Mettons le couvert. — Oùs qu'est la linge?

BAUDRUCHARD, le regardant.

Dans le buffet! Elle est superbe! cette Alsacienne! (A part, regardant autour de lui.) Tiens, nous sommes seuls! (Haut.) Petite, viens ça!

FICELMAN, qui a passé à droite. *

Quoi, Monsieur?

BAUDRUCHARD.

Comment t'appelles-tu, petite?...

FICELMAN.

Catherine, Monsieur!

BAUDRUCHARD.

Catherine!... Tu t'appelles Catherine.... Hé! hé! hé! (Il la lutine.)

FICELMAN, riant.

Hé! hé! hé! (A part.) Qu'est-ce qu'elle veut donc, la bourgeois? (Haut.) Oùs qu'est la linge?

BAUDRUCHARD.

C'est à toi ces cheveux là?

* Bac. Fic.

FICELMAN.

Oui, sans doute, tous ! c'est des cheveux de l'Alsace !

BAUDRUCHARD.

Tous !.. tous est charmant !.. ton mot me plaît, Catherine. Bonjour Catherine ! bonjour chatoyante enfant.

FICELMAN, riant.

Bonjour, bourgeois !.. (A part.) Oh ! mais il m'embête !.. ça va se gâter. Je vais te chatoyer un'gifle !... (Haut.) Oùs qu'est la linge ?

BAUDDRUCHARD.

Catherine ?

FICELMAN.

Bourgeois !

BAUDRUCHARD.

Veux-tu que je t'apprenne le grec ?

FICELMAN.

Pourquoi faire ?

BAUDRUCHARD.

Veux-tu que je t'apprenne le chinois ?

FICELMAN.

Mais pourquoi faire ?

BAUDRUCHARD, lui prenant la taille.

Catherine ! tu me plais !

FICELMAN, passant à gauche.

Ah !...

BAUDRUCHARD. *

Catherine, je sais où l'on vend des boucles d'oreilles en doublé !.. veux-tu des boucles d'oreilles ?...

FICELMAN.

Pourquoi faire ?... (A part.) Mais il veut me séduire, la vieille scélérat !... Il m'embête !... (Haut.) Oùs qu'est la lin....

BAUDRUCHARD.

Catherine, tu es mille fois mieux que Ketty.

FICELMAN.

Hein !

* Fic. Baud.

BAUDRUCHARD.

Tu es plus onduleuse... plus accidentée !... Tiens, je te donne une bague avec des cheveux dedans... mets-la.

FICELMAN, prenant la bague.

Ah ! mais, Monsieur ! (A part.) Il m'embête !... (Mettant la bague.) Elle me va.

BAUDRUCHARD.

Tiens ! je te donne ma tabatière avec du tabac dedans.

FICELMAN, prenant la tabatière.

Oh ! mais, bourgeois !... (A part.) Oh ! mais il m'embête !...

BAUDRUCHARD, l'embrassant.

Tiens ! je te donne un baiser !

FICELMAN, lui flanquant un soufflet.

Vlan !

BAUDRUCHARD.

Sapristi ! quelle poigne !...

FICELMAN.

Ah ! tu l'as reçu !..... c'est bien fait !..... Je te l'avais bien dit... V'là une heure que tu m'embêtes !..

SCHWZINGUEN, en dehors.

Voulez-vous me laisser tranquille ! A-t-on jamais vu !

FICELMAN.

Du monde !

BAUDRUCHARD, passant à gauche. *

On vient... Je vais chercher les serviettes ! — Mais je te reparlerai après souper.

FICELMAN.

C'est ce que nous verrons.

BAUDRUCHARD, à part.

Elle est charmante ! mais trop de biceps ! — C'est égal, que je suis donc content d'être en Espagnol ! (Il sort par la gauche.)

* Bau. Fic.

## SCÈNE XI

FICELMAN, puis SCHWZINGUEN.

FICELMAN, seul.

Ah ! mais ! ah ! mais ! est-ce que le bourgeois il ne va pas aller se coucher ?... Je m'embête ici, moi, et puis...

SCHWZINGUEN, du dehors.

Ah ! mais laissez-moi tranquille ou je tape ! (Entrant par la droite.) C'est trop fort, ça, à la fin !

FICELMAN. *

Qu'est-ce que tu as, toi ?

SCHWZINGUEN.

J'ai, que c'est le bourgeois à ma particulière, cet insulaire de professeur d'histoire, qui se permet de m'asticoter !... Je te viens de lui allonger une de ces torgnoles !

FICELMAN.

A toi aussi ?...

SCHWZINGUEN.

Est-ce qu'il ne m'a pas donné de ses cheveux ? Qu'est-ce qu'il veut que j'en fasse ?... des cure-dents ?

FICELMAN.

Il te l'a donné !... Schwzinguen, il me pousse une idée !...

SCHWZINGUEN.

Laquelle ?...

FICELMAN.

C'est que si le bourgeois de ta connaissance, il t'a fait la cour, à toi, c'est qu'il la faisait à la tienne.

SCHWZINGUEN.

Tiens ! au fait !

FICELMAN.

Et que celui de la mienne, il lui disait des bêtises également, vu qu'il vient de m'en dire, et qu'il m'a donné une bague et une tabatière.

SCHWZINGUEN.

Mais c'est vrai tout ça !

* Fic. Schw.

FICELMAN.

Et que ça prouve que nos connaissances elles les écoutaient... vu les boucles d'oreilles qu'a la mienne!

SCHWZINGUEN.

Et la broche qu'a Gertrude.

FICELMAN.

D'où je conclus que nous sommes des militaires trahis.

SCHWZINGUEN.

Cornettes !

FICELMAN.

Et que je vas commencer par administrer une râclée au Baudruchard.

SCHWZINGUEN.

Et moi au Papavert, mais seulement après souper, vu que c'est pas une raison parce qu'on a des chagrins d'amour, pour être à jeun.

FICELMAN.

Je te saisis!.. choucroûte d'abord et vengeance après!.. C'est égal, je suis sombre! (Entrée de tous les personnages par le fond, excepté Baudruchard qui entre par la gauche et Papavert par la droite.)

## SCÈNE XII

LES MÊMES, TOUT LE MONDE.

Chacun arrive en apportant, qui un plat, qui une assiette, qui une bouteille, etc.

CHOEUR.

Air : *De la Semaine à Londres.*

Apportons (*bis.*)
A ces joyeuses fêtes;
Ces flacons,
Ces dindons,
Ces plats, ces assiettes,
Apportons (*bis.*)
Des cuiller's, des fourchettes,
Et rions.
Et buvons,
Chantons et dansons!

BAUDRUCHARD. *

Charmant !.... La fête se classe !.... J'ai dégringolé dans la cave ! Mon Dieu !... que je m'amuse donc !

KETTY.

Monsieur, faut-il mettre le couvert ?

BAUDRUCHARD.

Non ! tout-à-l'heure !.. Je veux qu'on folichonne encore !.. — Nous souperons pour nous reposer...

PAPAVERT.

Et, en attendant, rafraîchissons-nous. (A Schwzinguen.) Versez, Hèbé !

FICELMAN, passant au milieu.

Eh bien ! puisque vous êtes gentil, j'vas vous roucouler l'histoire de je n'sais qui et de je n'sais qu'est-ce.

RONDE. *

*Air nouveau de M. Lindheim.*

I

Regardant à la fenêtre,
Y avait un' bonne un jour
Qui disait à son maître,
En soupirant d'amour :
J'éprouve je ne sais qu'est-ce
Pour un je ne sais qui,
Riquiqui ! (*ter.*)
Ah ! voyez ma faiblesse !
Je n'sais qui, je n'sais qu'est-ce,
Parle en moi,
D'je n'sais quoi.

CHOEUR.

Ah ! voyez ma faiblesse !... etc.
(On boit sur les ritournelles.)

FICELMAN.

II

Ah ! dit l'maître en colère :
Pour qui donc qu'ton cœur bat ?
— C'est pour un militaire.

* Jul. Toin. Ket. Bau. Ger. Schw. Pap. Vic. José.
** Jul. Toin. Ket. Bau. Fic. Ger. Schw. Pap. Vic. José.

— Ciel ! quel est ce soldat ?
— C'est un je ne sais qu'est-ce,
C'est un je ne sais qui,
Riquiqui ! (*ter.*)
Ah ! voyez ma faiblesse !
Je n'sais qui..., etc.

CHOEUR.

Ah ! voyez ma faiblesse !
Je n'sais qui... etc.

FICELMAN.

III

D'un ton plus doux, le maître
Lui dit : Epouse-moi,
Et je pourrai peut-être
Remplacer près de toi
Ce monsieur je ne sais qu'est-ce,
Ce monsieur, je n'sais qui...
Riquiqui ! (*ter.*)
— Ah ! si je devenais maîtresse,
Au lieu de je n'sais qu'est-ce,
J'vous f'rais, moi,
Je n'sais quoi !

CHOEUR.

Ah ! si j'dev'nais maîtresse,
Etc.

TOUS.

Bravo !

BAUDRUCHARD.

A la danse maintenant.

TOUS.

A la danse !

BAUDRUCHARD.

Une valse, rien qu'une valse !

SCHWZINGUEN.

Une valse, ça ne se refuse pas ! (A part.) Mais sapristi !.. j'ai une faim !

BAUDRUCHARD.

Oh ! mais je ris comme une petite folle !... En place !...

TOUS.

En place.

Tous se mettent à valser, Baudruchard avec Ficelman et Papavert avec Schwzinguen. — Mais, au moment du final qui est dansé dans un mouvement très-rapide, les jupes des soldats se détachent et ils apparaissent en pantalons.

TOUS.

Ah!

BAUDRUCHARD. *

Qu'ai-je vu? — Des militaires!

PAPAVERT.

Des troupiers!... C'étaient des fausses alsaciennes!

KETTY et GERTRUDE, chacune à leur maître.

Grâce, Monsieur!...

KETTY.

C'est nos prétendus!

GERTRUDE.

Des fiancés pour de bon!

BAUDRUCHARD.

On s'est fichu de nous!... mille boutons de guètre!

PAPAVERT.

Charbon de terre et de bois!

FICELMAN.

Oh! mais minute, ne criez pas!... ou je dis partout que vous donnez des bagues aux bonnes!

SCHWZINGUEN.

Et de vos cheveux!

PAPAVERT.

Troupier! ils venaient de ma perruque!

BAUDRUCHARD, à part.

Pincés!.. (Haut.) Je pardonne!

TOUS, avec joie.

Ah!

BAUDRUCHARD.

Mais à une condition, c'est qu'on continuera la fête et pour de bon, cette fois-ci...

* Ket. Bau. Fic. Schw. Ger. Pap. (*Les autres au fond.*)

TOUS.

Vive le bourgeois !...

BAUDRUCHARD.

Je ne veux pas m'être mis en Espagnol pour rien !

SCHWZINGUEN.

Accordé !... (A Gertrude.) Je vous pardonne aussi, pendant que j'y suis !

GERTRUDE.

Pardonne... quoi !

FICELMAN, à Ketty.

Moi, de même ! mais...

KETTY.

Quoi !

FICELMAN, à part.

C'est leurs bourgeois qui paieront pour elles... A partir d'aujourd'hui, je lui mets son vin en bouteilles, et je lui mange tous ses premiers bouillons...

SCHWZINGUEN.

A la danse !

TOUS.

A la danse !

(Quadrille final.)

FIN

Coulommiers. — Typographie A. MOUSSIN.

www.ingramcontent.com/pod-product-compliance
Lightning Source LLC
LaVergne TN
LVHW050503160826
845677LV00003B/914